NADIE QUIERE IR HACIA LA LUZ

LUMEY CONTINO

Copyright © 2016 Lumey Contino

All rights reserved.

ISBN: 9781530654314

A la casa que llora por mí.

La batalla con la memoria ocurre todos los días.

Contenido

La Casa 11
Rabos de Nube 17
Cenizas 23
Cocuyos 29
Contraste 35
La Bomba en el Estómago 41
La Jicotea Embalsamada 47
Superhéroe 53
El Arbolito de Navidad 57
Los Gorriones 63
Torbellino y Orilla 69
Un Acto de Rebeldía 75
Modas 81
La Tristeza 87
La Luz 93
El Rey de los Ángeles 99
El Sueño 103
Matices del Dolor 109
La Felicidad 115

La Casa

Los mosaicos del piso formaban dibujos, como las nubes del cielo. Las nubes cambiaban; los mosaicos no. El tiempo se mueve de forma desigual: arriba corre, abajo se estanca.

El portal de la casa de mis abuelos era un sueño donde no sabía que estaba soñando. Mi abuelo se sentaba a fumar tabaco y a inventar cuentos, o a recordar otros que ya nadie más recordaba. Yo pasaba, siempre, y le daba un beso en la calva. Él se echaba a reír, como si el gesto lo sorprendiera cada vez. Jamás pude seguir de largo, pues pensaba en ese día futuro y torpe en el que ya no estaría allí, sentado entre chistes y humo. Hoy, cuando el olor a tabaco me alcanza en cualquier lugar, me sabe a gloria, como si alguien abriese una puerta que ya no existe.

Cuando llovía, el centro del piso del portal (desnivelado) juntaba el agua en una forma extraña, parecida a un país visto desde arriba. Me inclinaba a mirarlo y mi abuela salía a contarme los secretos de la lluvia. Cada gota era una intención, una memoria, un lugar al que volver.

Me duele ahora la pereza de haber dicho tantas veces: hoy no voy a casa de los abuelos, mañana. El día se escapaba con una facilidad cruel. Daría cualquier cosa por regresar a uno solo de esos días que dejé ir, creyéndolos inagotables.

En mis sueños, la casa sigue allí. Blanca por fuera. Desmemoriada por dentro. Llueve todas las tardes. Pero no agua. Llueve infancia: pedazos de aguacate, una canción mal tarareada, las letras del almanaque de la cocina. Las gotas son un eco.

Entro sin tocar. Me siento en el piso. Miro el techo. No hay nubes. Solo un cielo de madera que gotea desde adentro. No hace falta llorar.

La casa ya lo hace por mí.

Rabos de Nube

Mi abuela era mi persona favorita. Apenas sabía leer y escribir, pero la vida nunca consiguió amedrentarla. Le ponía trampas, le tiraba las cartas marcadas, y ella las rebatía como si las hubiera visto antes de que cayeran sobre la mesa. Tenía esa forma de estar en el mundo de quien no pide permiso y tampoco se disculpa.

Se echaba el mundo a cuestas en una mochila invisible. De mirarla aprendí que no hay que cargar con todo, solo con lo imprescindible, con lo que no pesa. Ahora ando ligera, casi transparente, como una burbuja que no teme romperse.

Mi abuela era dura como un raíl de línea. El dolor no la doblaba. No sabía de lágrimas o las había olvidado a propósito. A su alrededor giraban misterios, supersticiones, historias que para otros no tenían sentido, pero para mí eran la forma más clara de entender el mundo. Mi abuela sabía cosas que no venían en los libros.

Los zapatos debían ponerse derechos, siempre, para que no se nos torciera el camino. Bajo la cama se colocaba un vaso con agua y un huevo, para limpiar el aura mientras dormíamos. Mi ropa no se tendía con palitos negros: había que espantar las malas vibras antes de que se pegaran a la tela. Nada era casual. Todo tenía consecuencias.

Mi abuela cortaba rabos de nube con los dedos. Levantaba la mano al cielo y separaba el exceso, como quien deshace un nudo invisible. Cuando llegaba el primer aguacero de mayo, sacaba un cubo y lo dejaba llenarse despacio. Esa agua estaba bendita, aseguraba.

Con ella se limpiaba el alma, se borraban los restos del cansancio, se dejaba atrás lo que había pesado mucho.

Todavía hoy, cuando el cielo se descuelga en hilos blancos, siento que alguien corta rabos de nube para mí.

Cenizas

A veces alguien quemaba leña en las cercanías y, sin previo aviso, el aire se llenaba de cenizas. No caían: flotaban. Daban vueltas lentas, indecisas, como si aún no hubieran decidido adónde pertenecer. Cuando eso ocurría, las tardes solían ser grises, de una luz cansada, y en ese fondo apagado las cenizas negras resaltaban apenas, suficientes para llamar la atención.

Los niños las perseguíamos. Corríamos detrás de ellas con los brazos abiertos, tratando de atraparlas antes de que se deshicieran entre los dedos. Era un juego sin premio: nunca se podía conservar una ceniza. Bastaba un soplo, un roce mínimo, para que desapareciera, no sin antes dejarnos sucios. Aun así, insistíamos, convencidos de que algo importante estaba ocurriendo.

El olor a quemado se instalaba en la atmósfera y lo invadía todo. Se metía en la ropa, en el cabello, en la memoria. No era un olor desagradable; era un aviso. Algo había ardido o terminado de arder. Las casas parecían guardar silencio, como si también respetaran ese momento.

Lo verdaderamente mágico no eran las cenizas flotando, sino otra cosa: por unos minutos, el aire se volvía visible. Aquello que siempre estuvo ahí, sin dejarse ver, adquiría forma. Las cenizas lo dibujaban, revelaban corrientes invisibles, giros suaves, pequeñas violencias. Era como mirar el esqueleto del mundo.

Tal vez por eso nos fascinaban. Porque en esas tardes grises, cargadas de olor a leña quemada, el aire dejaba de ser ausencia.

Cocuyos

Mi abuelo me llevaba a pasear por un camino de atardeceres. Allí la urbanidad se acababa sin hacer ruido y empezaban otras cosas: los colibríes, las mariposas, los pollos sueltos, los chivitos que aprendían a caminar torcidos. Era una frontera blanda, un lugar donde el mundo se volvía más lento.

No decía nada durante el paseo. Empujaba mi coche en silencio, como si hablar pudiera romper algo. Yo escuchaba la canción de la yerba al compás del viento y respiraba el olor de las flores de maravilla. Era tan intenso que parecía contener el aroma de los atardeceres de todas las dimensiones juntas.

Mi abuelo iluminó mis ojos muchas veces. Y cuando no tenía luz para dar, hacía algo todavía más grande: atrapaba un cocuyo en pleno vuelo. Lo sostenía con cuidado, como si supiera que la luz también siente miedo, y me lo acercaba para que yo pudiera verlo brillar. No me enseñó palabras difíciles ni grandes verdades, pero me mostró que alguien puede detenerse a buscar luz para otro.

Desde que abandonó este mundo, todo parece más oscuro.

Tal vez porque ya no hay quien camine en silencio empujando mi coche, o porque los cocuyos no se dejan atrapar por cualquiera.

Contraste

En el jardín de la casa crecían dos plantas que no parecían destinadas a convivir. Una era una mata de algodón. La otra, una siempreviva. No estaban lejos, pero pertenecían a tiempos distintos.

La mata de algodón ofrecía su blancura sin pudor. Abría el cuerpo y dejaba ver la fibra suave, expuesta, como si no supiera defenderse. Al tocarla, uno sentía que algo podía romperse. Era frágil, vulnerable, hecha para ser arrancada, usada, transformada. El viento la movía con facilidad, y a veces parecía cansada de sostener tanto peso ligero.

La siempreviva, en cambio, permanecía intacta. No importaba el sol, ni la lluvia, ni los descuidos. Estaba ahí, firme, repitiéndose. Sus hojas parecían haber aprendido a resistirlo todo. No pedía nada. No se ofrecía.

Simplemente duraba.

El jardín era una lección muda. Dos formas de estar en el mundo: una entregándose, otra sobreviviendo.

Mi abuela las regaba con la misma paciencia. No elegía. No intervenía. Ella no veía el contraste como un error del paisaje. No siempre ha de florecer lo que dura, ni durar lo que florece.

La Bomba en el Estómago

Mi madre siempre padeció de nervios. Crisis existenciales que le estropearon la infancia y le enseñaron temprano que el cuerpo también recuerda lo que no se dice. Su tristeza se alojaba en el centro del estómago, como una bomba a punto de estallar. Nada lograba consolarla. El mundo le quedaba grande por dentro.

Mi abuela la llevó a todos los brujos. Agotó los rituales posibles: limpiezas espirituales, despojos con hierbas místicas, como la mata de vencedor sembrada fuera de la casa, azabaches cosidos a la ropa para espantar el mal de ojo. Probó cada fórmula con la fe de quien no se rinde. Pero la bomba seguía allí, silenciosa, intacta.

Mi madre encontró refugio en la naturaleza y a Dios en una iglesia pequeña. Llegaba llorando, se sentaba en el primer o segundo banco, como quien necesita estar cerca de algo firme. Empezaban los cantos de alabanza, las oraciones se elevaban por ella, y entonces la bomba comenzaba a desactivarse. No de golpe. Poco a poco.

Salía distinta, más liviana, y se iba a montar bicicleta por su sendero de flamboyanes, una de sus adicciones además del campo y los espantapájaros redimidos. El sendero corría al lado de un cementerio, y eso le daba al paisaje un aire místico, como si la vida y la muerte compartieran el mismo banco.

Mi abuela la educó como pudo. Pero cuando la sangre es buena, no hay que esforzarse demasiado. Mi madre se cuestiona la procedencia de los riachuelos, pero nacen de sus ojos cuando ríe.

La Jicotea Embalsamada

En la sala de la casa había una jicotea embalsamada. No era un objeto cualquiera. Estaba allí, quieta, eterna, ocupando su lugar como si siempre hubiera sabido que ese sería su destino.

La tratábamos como un símbolo de buena suerte, prosperidad y protección del hogar. Mientras permaneciera allí, nada malo entraría. Nadie se preguntaba de dónde venía la jicotea, ni por qué había sido embalsamada. Lo importante era que desde su inmovilidad nos cuidaba.

Descansaba sobre un mueble, con el caparazón brillante y los ojos detenidos. No parecía estar muerta, sino pensando. Yo la miraba con respeto, con una mezcla de curiosidad y cuidado, como si pudiera ofenderse si la observaba demasiado tiempo.

Parecía saber algo del tiempo que aún no habíamos aprendido. No era solo un adorno, era más bien el azar en una forma reconocible. Tal vez la buena suerte no venía de ella, sino del acuerdo silencioso de todos nosotros en proteger lo que parecía frágil.

La jicotea sigue allí, en mi memoria. Quietud absoluta. Caparazón intacto. La certeza infantil se niega a creer que la casa está del todo desprotegida.

Superhéroe

Abuelo trabajaba duro en una carpintería barnizando muebles. Llevaba a mi tío muchas veces y sus compañeros del centro reunían un pequeño sueldo para él. El niño se sentía útil y no perdía el tiempo. Fue su manera de enseñarle a luchar para subsistir y defender a los suyos del hambre, costumbre que ha mantenido hasta hoy.

Mi tío siempre ha sido una especie rara de superhéroe, casi extinta. No de los que usan capa y máscara, sino de esos que tienen un corazón inmenso dentro del pecho y caminan con él abierto sin miedo a ser lastimados. Si juntamos las mejores cualidades de cien hombres, tal vez, con mucha suerte, logremos hacer otro como él. Ha ayudado a todas las personas que ha podido en este mundo, sin esperar nada a cambio.

El Arbolito de Navidad

El arbolito de Navidad era verde oscuro y pequeñito. Tenía una estrellita en la punta, frágil y precisa. Las luces de guirnalda lo recorrían entero: rojas, verdes, azules, amarillas, púrpuras. Colores intensos, casi neón, que parpadeaban sin orden, como si la felicidad no necesitara disciplina o una puerta se abriera hacia un lugar seguro.

Debajo del arbolito estaba el nacimiento de Jesús y unos venados. El pesebre convivía con el bosque sin conflictos. Nunca me pareció extraño. La infancia acepta esos cruces con naturalidad. Tenía muchos adornos colgados: campanitas, cajitas de regalo, figuras que el tiempo ha ido desdibujando de mi memoria.

El aviso para sacar el arbolito de su caja no venía del calendario. Lo daba una mata de flor de pascua en el patio. Cuando sus hojas comenzaban a tornarse de ese rojo inconfundible, rojo de diciembre, sabíamos que había llegado el momento. Entonces se abría la caja, se armaba el árbol, se enchufaban las luces.

La casa cambiaba de ritmo. Las noches se volvían más cortas. La oscuridad dejaba de ser amenaza y se convertía en fondo. Sobre ella, las luces de guirnalda hacían su trabajo. El arbolito no prometía nada. No traía grandes milagros. Solo se encendía. Y ese era el milagro: nosotros, todos, juntos.

Los Gorriones

Mi tío abuelo era homosexual. Como no tuvo familia propia (me refiero a esposa e hijos) se pegó a nosotros como una lapa y ya nunca más quisimos separarnos de él.

No era cariñoso, en el sentido de dar besos y decir palabras cálidas, quizás porque no se sentía con derecho, aunque más bien debió ser su personalidad rara, lacónica y misteriosa, pero siempre estuvo ahí, con su altar de santicos en el cuarto.

Le gustaban las labores de la casa como si fuese una mujer. Yo, en medio de una mentalidad machista pueblerina, observaba y preguntaba a mi madre: ¿Por qué se pinta las uñas, limpia el arroz, se tiñe el pelo? ¿Por qué siempre está bañado, perfumado y bien vestido, por qué, por qué? Mi madre me decía que hablara bajito para que no me oyera.

Los gorriones se amontonaban en la acera del portal mientras él les tiraba arroz. Los pájaros bajaban sin miedo, formaban un pequeño caos ordenado a sus pies. Si los gorriones querían estar a su lado, pues yo también.

No todos tenemos que ser iguales, las diferencias crean una armonía hermosa entre los seres humanos y más de lo mismo es aburrido.

Torbellino y Orilla

Mi padre tenía una paciencia orgánica, como la de las piedras. Cuando mi madre entraba en crisis (esa inquietud que le nacía de golpe y se le instalaba en el cuerpo) él no se apresuraba. No intentaba apagar el incendio con palabras. Se quedaba. Y quedarse, a veces, era suficiente.

Era médico. Conocía los nombres exactos del dolor, las causas probables, los diagnósticos posibles. Pero en casa no ejercía la ciencia como autoridad, sino como respaldo. Escuchaba. Observaba. Medía los silencios. Mientras mi madre se preocupaba por todo (lo que había pasado, podía pasar, o tal vez nunca pasaría), él tomaba las cosas con una calma desconcertante. Como si supiera que el mundo no se rompe tan fácil.

Con los años, algo en él fue cambiando. El

materialismo, tan propio de quien confía solo en lo que puede tocarse, empezó a ceder. No de manera brusca. Fue una transformación lenta, casi imperceptible. Como cuando el cuerpo deja de resistirse y aprende a respirar distinto. Se volvió más espiritual, más atento a lo invisible. No abandonó la razón, pero dejó de exigir explicaciones. Entendió que no todo necesita ser demostrado para ser verdadero.

Mi madre seguía siendo torbellino.

Él, orilla.

Ella, pregunta constante.

Él, pausa.

Siempre me ha parecido curioso (y profundamente bello) que dos personas tan distintas se hayan encontrado, elegido y hayan decidido quedarse. Uno pensaría que no encajarían, que la fricción sería demasiada.

Pero no. Todo funcionó. Como el engranaje donde las manos opuestas se reconocen útiles. Como el ruido y el silencio cuando aprenden a escucharse.

Tal vez el amor también sea eso: alguien se está quieto mientras el otro tiembla. Alguien no huye del caos, sino lo sostiene hasta que se calma. Y en ese equilibrio improbable, contra toda lógica, la vida encuentra su forma.

Un Acto de Rebeldía

La barriga de mi madre comenzó a crecer y con ella las certezas ajenas. Todos esperaban la llegada de un supuesto varón. El día que nací quedó sellado mi primer acto de rebeldía.

De mi niñez conservo muchos recuerdos felices. Pero si me preguntaran qué hubiese querido saber a esa edad temprana, diría esto y lo diría bajito:

Si sienten en los huesos que llevan dentro una chispa, un destello de inteligencia, un talento que empuja con hambre de salida, escóndanlo.

No sean demasiado prometedores. El mundo vigila, espera y exige. Les impondrá metas más duras que al resto y, si no consiguen alcanzarlas, descargará sobre ustedes el peso entero de su decepción. Entonces se sentirán pequeños, insuficientes, culpables de no haber sido lo que otros imaginaron.

Cuando un niño destaca, comienzan a lanzarle obstáculos solo para ver cómo los salta. Se vuelve espectáculo. Payaso de circo. No digo que no hagan nada con lo que son, no, por el contrario, lean, escuchen la mejor música, deléitense con las obras más refinadas, háganlas si pueden; desarmen teoremas matemáticos, escriban, piensen. Pero háganlo en voz baja. Caminen despacio. Que el mundo no escuche sus pasos. Así, tal vez, al final puedan darle un gran susto. O, al menos, lograr algo mucho más raro: ser un poco más felices pasando desapercibidos.

Porque al final la vida se irá. Llegará la muerte. Y nada de lo que hayan hecho tendrá el valor que ahora creemos. Esto no es siquiera un ensayo de lo que vendrá después. Las reglas de este espacio y de eso que llamamos tiempo no aplican a lo que no es espacio ni tiempo, a lo que llamamos eternidad solo para poder pensarlo sin enloquecer.

Lo verdaderamente importante es esto: nunca, bajo ningún concepto, hagan daño.

Hacer daño marca, corrompe y mancilla el alma. La convierte en un grito de desesperación, un eco que acompaña cada paso. Y todos conocemos la naturaleza del eco: repite, insiste, se hace audible incluso en los lugares más recónditos.

A veces, el mayor acto de rebeldía no es sorprender, ni brillar de forma inesperada. Es no herir.

Modas

Todos los niños tenían hermanos y yo no. Aquello, para mí, era una moda, y yo siempre llegaba tarde a las modas. Quería ser tía en el futuro, sí, pero sobre todo estaba hastiada de que a mí todo me pasara de otra manera.

En la escuela todos los niños se enfermaron de sarampión. Yo me pegué a ellos con disciplina, esperando contagiarme. Nada. Cuando los vacunaban, les quedaba una marca redonda en el brazo izquierdo que me parecía bonita, una señal visible de haber estado allí. Cuando me tocó a mí, la piel no guardó memoria. Tampoco tuve nunca un brazo fracturado, ni un pie enyesado, ni una cicatriz en la barbilla. Nadie me había mirado con esa mezcla de lástima y admiración que despiertan los accidentes. Yo observaba, tomaba nota. Algo tenía que pasarme alguna vez.

Esta vez no iba a quedarme hija única bajo ningún concepto.

Mi hermana nació y con ella entendí cosas que nadie explica. El primogénito corta sogas, marca pautas. Nunca descubre huellas: deja las suyas. Reconoce el miedo en los ojos ajenos o lo provoca. Y hay una ley no escrita que a su alrededor todos aprenden temprano: jamás toques a su hermano.

Mi hermana tenía dos talentos. Una capacidad asombrosa para adaptarse a todo y un dominio absoluto del arte de mentir. Mentía tan bien que cada día amanecía siendo alguien distinto. Estrenaba personalidad como quien estrena zapatos.

Por la mañana se destapaba, ponía los pies en el suelo y salía con un hambre voraz de mundo. Por la tarde regresaba convencida de que afuera no había nada. Por la noche, ambas se mataban.

La Tristeza

Quejarse es fácil cuando aún no se conoce la tristeza. Se esconde tras muchos disfraces, la mayoría de las veces no somos capaces de reconocerla.

Pero lo peor no es que se esconda, sino que presta su cara a cuestiones demasiado superfluas para confundirnos. Nos hace derramar muchísimas lágrimas en vano, solo porque no somos hábiles para percibir que poseemos todas las cosas que en verdad pueden hacernos felices, mientras estemos saludables y rodeados de las personas que amamos.

Hasta que llega el día de toparnos con ella, la verdadera, la infinita, sin antifaz. Ahí comprendemos, con una lucidez cruel, que habíamos estado perdiendo el tiempo en un ensayo torpe, peleando contra una sombra mal proyectada.

Cuando la tristeza es real, no tenemos armas para defendernos, pues solo aparece ante daños severos e irreparables. Después del dolor, del punzante silencio tras haberla hallado, nos queda intentar llenar los espacios vacíos con cuanto podamos.

Pero no hay éxito posible, pues el dolor se cubre de capas gruesas pero no desaparece; y el silencio es un puñal clavado en las entrañas: sigues viviendo con él, pero si lo remueves podrías morir.

Una tarde mi abuela, sentada en el portal con su espíritu alegre, disfrutaba las bendiciones de la vida. Conversaba con los pájaros, repelía demonios que se preguntaban de qué forma cruel podrían herirla.

Mi abuelo iba en su bicicleta cuando tuvo

el accidente.

A partir de ese día, los demonios que mi abuela solía espantar comenzaron a reír. Los pájaros venían todos los días, en vano, a consolarla. Las bendiciones de la vida se redujeron a pequeños puntos lejanos en el horizonte. Ella cerraba los ojos para no verlos. Trataba de dormir, de huir del rostro macabro de la tristeza y encontrar a su ángel en sueños.

La Luz

Es duro alejarse de los seres queridos, sobre todo para siempre. Si las almas se quedan rondando por ahí, mi abuelo seguro vio nuestro sufrimiento y se revolvió de impotencia. La luz se abrió frente a él y creo que no se atrevió a ir hacia ella.

Imagino que el único consuelo ofrecido por la luz es el olvido. Nadie puede habitar la luz y ser infeliz, ni recordar el desgarrador momento de separarse de los suyos y ser feliz.

Supongo que las almas también se preguntan qué es la luz. Debe ser hermosa. Pero ¿adónde conduce?, ¿qué la proyecta?, ¿cómo se entra?, ¿cómo se camina hacia adelante sin añoranzas? ¿qué ocurre si las almas deciden no avanzar? ¿se quedan suspendidas o dejan de existir?

No sé qué hizo mi abuelo. Si avanzó, si se

quedó, si dudó. Lo que sí sé es que vive en mis venas, en mis ojos, en cada plegaria que elevo a Dios, en la forma en que recuerdo. Todos los días, cuando amanece, el sol me lo trae de vuelta. Para mí, la luz no es un lugar ni un destino. Es una batalla constante con la tristeza, un escudo contra los demonios que se burlaron de mi abuela.

El Rey de los Ángeles

Montado en su coche, entre corceles blancos, se dirige hacia las puertas del cielo el rey de los ángeles.

Sus cabellos de nieve y delicada figura le otorgan ese aire de majestuosidad. Va sin prisa, obligado a seguir cuando quiere regresar. Largos años sus súbditos le han esperado. Lleva en sus ojos la bondad del mundo, que es bastante poca. Lo han masacrado con tal de sacarlo de allá, incluso antes de tiempo. El rey de los ángeles perdona, por eso se atreven.

De pronto agita sus alas, toma las riendas con una mano; con la otra saca un pañuelo color niebla. No pretende hacer señales para que lo vean desde lejos, sino secarse la lágrima de su mejilla. Está en su deber ocultar la tristeza.

El Sueño

Estoy acostada en el jardín. La hierba me sostiene el cuerpo como si supiera hacerlo. No hay prisa. No hay ruido. Solo una botella vacía a pocos centímetros de mis ojos.

La botella parece abandonada, pero la muevo y noto que no lo está del todo. Por dentro está sudada, cubierta de pequeñas gotas, como si respirara. El vidrio guarda un frescor extraño, y de su boca se desprende un olor conocido: el de las flores de maravilla. Ese olor denso, antiguo, que no pertenece a un solo lugar, sino a muchos tiempos a la vez.

Observo con detenimiento.

Dentro de la botella hay un cielo en miniatura. No es azul ni claro. Tiene una forma irregular, exacta, idéntica a la del piso desnivelado del portal de la casa. Reconozco ese contorno sin esfuerzo, como se reconocen las cosas que nunca se olvidan. Allí adentro llueve sin tregua. No hay relámpagos ni truenos. Solo lluvia constante, paciente, cayendo sobre un mundo diminuto que cabe en la palma de la mano.

Las gotas resbalan por el vidrio y se confunden con el rocío del jardín. No sé si la lluvia intenta salir o si el jardín quiere entrar. Todo parece mezclarse sin violencia. Entiendo que nadie ha cerrado esa botella. Nadie la ha sellado. El cielo está allí porque quiere estar.

Permanezco acostada, mirando. No siento tristeza. Tampoco alegría. Siento algo más preciso: la certeza de que los recuerdos no han desaparecido. A veces caben en una casa, a veces en un cuerpo, y otras en una botella olvidada sobre la hierba.

Sigo hipnotizada mirando la botella.

Y no despierto.

Y llueve sin tregua.

Matices del Dolor

La muerte de mi abuelo no fue un hecho único. Fue una onda expansiva. Un golpe que siguió ocurriendo durante años, de maneras distintas, en cuerpos distintos.

Mi madre soñó que lo veía. Corría hacia él con la urgencia intacta del amor y, cuando por fin lo abrazaba, su cuerpo era de paja. Como un espantapájaros. El gesto quedaba suspendido en el aire, vacío. Despertaba con la sensación de haber llegado tarde a algo que no admite segundas oportunidades.

Mi abuela perdió la lucidez. No recordaba nombres ni rostros, ni el día en que estaba. Pero si le preguntaban por mi abuelo, no fallaba jamás. ¿Dónde está? En el cementerio.

Lo decía sin emoción, con una precisión que dolía. Como si la memoria, al romperse, hubiera decidido conservar solo lo esencial.

Mi padre no decía mucho. Solo sabía que debía estar cerca por si la bomba en el estómago de mi madre se activaba.

Mi tío se cruzó de brazos en la distancia. Eligió ese modo de resistir: tensar el cuerpo, aguantar.

Mi tío abuelo miraba el altar de los santicos y, en secreto, pedía lo imposible. Que el viento arrastrara el polvo. Que la densidad del alma de mi abuelo regresara a casa. No lo decía en voz alta porque algunas súplicas se rompen si se pronuncian.

Mi hermana y yo atravesábamos algo nuevo. Por primera vez el dolor no era pasajero, ni era uno solo. Tenía tonos, texturas, velocidades. Aprendíamos sus matices sin manual ni aviso.

La casa, mientras tanto, se negaba a

olvidar. Las paredes, los objetos, el aire mismo parecían resistirse a aceptar que el milagro había ocurrido solo una vez. Que había existido un tiempo en que estuvo habitada por eso que no se repite: nosotros, todos, juntos.

La Felicidad

La felicidad huele a hierba del jardín recién chapeada por mi abuelo, a verde húmedo pegado en la nariz, y a cada uno de sus chistes, dichos como si el mundo no tuviera prisa. Huele a congrí y a carne asada por mi abuela en las tardes de fin de semana, cuando los calderos cantaban y la casa se llenaba de un ruido bueno y eterno.

Huele al chasquido de los dedos de los pies de mi tío abuelo, ese sonido mínimo que marcaba el descanso, mientras reposaba el almuerzo en la cama y el tiempo parecía tomarse un respiro. Huele al trastorno obsesivo compulsivo de mi madre, a su orden minucioso, que solo se disolvía en el camino cubierto de pétalos de flamboyán, alfombra rojiza.

La felicidad huele a la calma de mi padre,

esa certeza de que todo puede arreglarse o hay que guardarlo porque sirve para arreglar otra cosa. Huele a las mentiras pícaras de mi hermana, a esas historias inventadas que no engañaban a nadie, pero que hacían reír como si fueran verdad.

Y huele a mi casita. A mi casita que no llora. Porque debe existir en alguna dimensión donde aún no haya llegado el llanto. Un lugar intacto donde la felicidad no es recuerdo ni promesa, sino abrazo colectivo, respiración compartida.

www.ingramcontent.com/pod-product-compliance
Lightning Source LLC
LaVergne TN
LVHW012027060526
838201LV00061B/4492